얘들아, 손 씻으러 가자!

글 나카가와 히로타카
그림 세리코
옮김 이중현

"하암- 잘 잤다."

아침에 일어나면
제일 먼저 화장실에 갑니다.

볼일을 본 다음에는
손을 씻습니다.

**쓱싹쓱싹　뽀득뽀득
쓱쓱싹싹　매끈매끈
쓱싹쓱싹　뽀득뽀득
쓱쓱싹싹　매끈매끈
참방참방**

그다음 얼굴을 씻고,

찰싹찰싹   찰-싹-

아침 산책을 갑니다.
"다녀오겠습니다!"

"까마귀 아저씨, 안녕하세요."

"오 너구리구나. 오늘도 씻어 먹을 열매를 찾으러 왔니?"

너구리가 깔끔이라는 사실은
숲속 친구들 모두가 알고 있어요.

너구리가 나무 열매를 가득 주웠어요.

"다녀왔습니다! 아차!"
집 안으로 들어가기 전에
잊지 않고 손을 씻습니다.

쓱싹쓱싹　　뽀득뽀득

쓱쓱싹싹　　매끈매끈

쓱싹쓱싹　　뽀득뽀득

쓱쓱싹싹　　매끈매끈

참방참방

안으로 들어가면 먼저
숲에서 주운 나무 열매를

쓱쓱 싹싹 데굴데굴

씻습니다.

깨끗하게 씻은 나무 열매를
접시에 담아서,

"잘 먹겠습니다!"

다 먹은 다음에는 접시를
**쓱 쓱 싹 싹 매끈매끈
뽀드득 뽀드득**
선반에 올려놓고,

"놀이터 다녀오겠습니다!"

너구리가 가까운 놀이터로 놀러 왔어요.
놀이터에는 신기한 상자를 들고 있는
남자가 서 있었어요.

"공원에 계신 여러분,
저는 세균을 연구하는 연구소 소장입니다.
이 상자는 여러분의 손에 얼마나 많은
세균과 바이러스가 붙어 있는지 알 수 있는 기계입니다.
상자 아래로 손을 넣으면
이 위로 세균의 모습을 볼 수 있습니다.

그럼, 제일 먼저 곰님부터 해볼까요?
손을 아래로 집어넣어 보세요."

곰이 상자 아래로 손을 넣자,
"이런, 세균이 엄청나군요."
손 위에 세균이 우글우글했어요.

"네. 그럼 다음 토끼님."
"이런. 많아요, 많아."

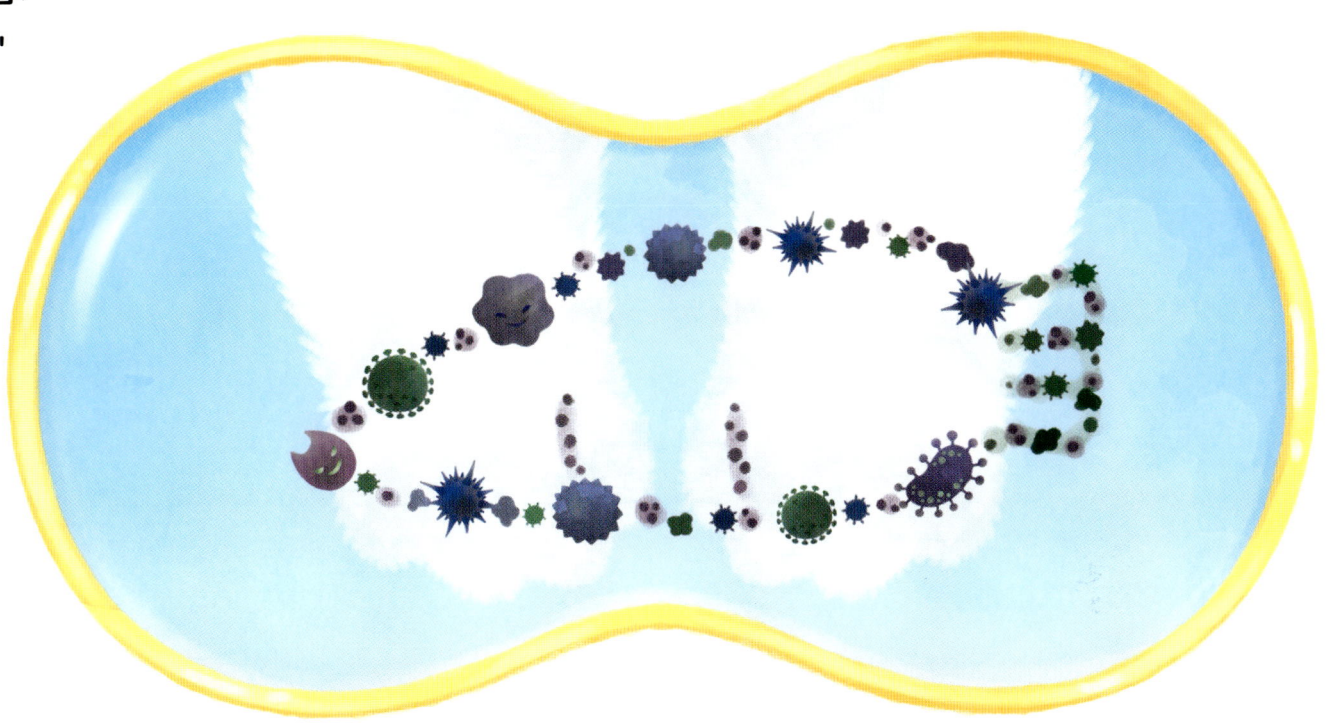

여우도 원숭이도
세균이 득실득실했습니다.

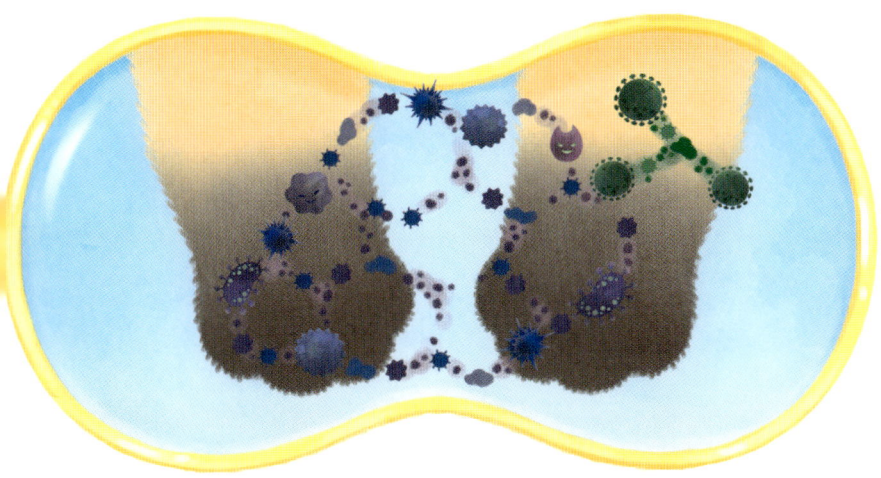

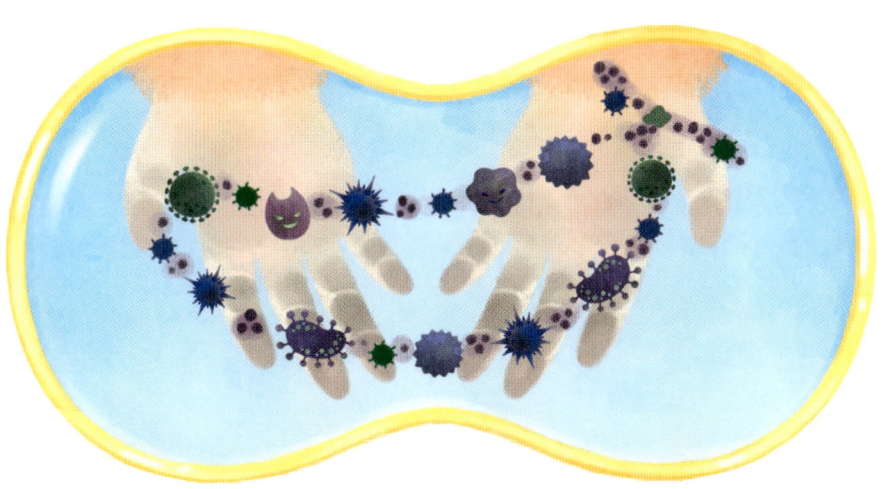

마지막으로 너구리가 손을 넣습니다.
"우와 깨끗해요. 세균이 하나도 없어요!
이런 분은 처음 봅니다."
소장님이 깜짝 놀라며 말합니다.

"너구리야 대단해!"
"그러고 보니 항상 손을 씻고 다녔었지?"
다들 입을 모아 너구리를 칭찬합니다.

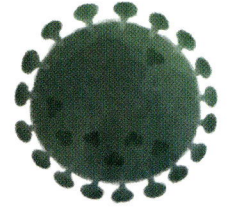

"아, 그랬군요. 훌륭합니다.
여러분은 세균이 잔뜩 묻은 손으로
음식을 먹으면 어떻게 되는지 아시나요?
손에 묻은 세균이 입을 통해 몸 안으로
들어가고, 우리의 몸을 아프게 합니다.
앞으로 너구리님의 행동을 보고 배워서
항상 손을 씻도록 합시다."

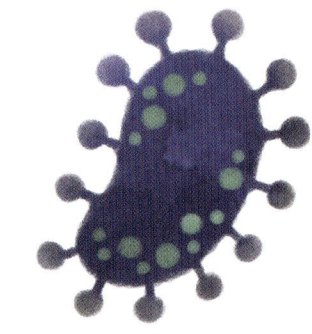
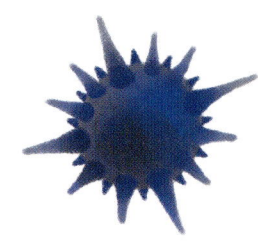

소장님의 말이 끝나자마자
곰이네 엄마가 과자를 가득 담은
바구니를 갖고 왔어요.

"얘들아, 과자 먹으렴."

예전이라면 우르르 달려가서 과자를 집어 먹었겠지만
오늘은 좀 달라요.

곰이 말합니다.
"얘들아, 우리 손 씻으러 가자."
"그래! 좋아."
다들 놀이터 수돗가로 향합니다.

엄지손가락을
휘감은 다음
**뱅글뱅글
뱅글뱅글**

손가락 사이도

**슥슥
슥슥**

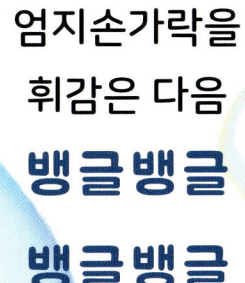

마지막으로
손목도 한 차례,
휘리릭.

다들 너구리를 따라
손을 씻었어요.

"잘 먹겠습니다!"

profile

글 나카가와 히로타카

사이타마현에서 태어났다. 싱어송라이터이자 그림작가.
5년 동안 보육사로 일하면서 밴드 '호랑이와 모자 가게'를 결성하고 수많은 동요 제작 작업에 참여했다.
2019년에 밴드 '히네루즈'를 결성. 2020년에는 YouTube '나카가와 히로타카의 보이는 Radio!'를 시작했으며, ≪눈물≫로 일본 그림책상 대상을 수상했다. 출간 작품으로 '피망 마을' 시리즈, ≪물고기가 날아올라≫외 다수 있다.

옮김 이중현

릿쿄대학교 경영학과를 졸업했다. 오랫동안 일본계 회사에서 일하다가, 번역가의 꿈을 이루기 위해 사직서를 냈다. 현재는 북카페 겸 상담 공간 '아물다'를 운영하면서 번역을 하고 있다.
좋아하는 마라톤처럼 기복 없이 꾸준한 번역가로 자리 잡는 게 목표다.

그림 세리코

지바현에서 태어났다. 일러스트레이터이자 그림작가. 그림책으로는 ≪백곰 형제의 케이크 가게≫ ≪백곰 형제의 도시락 가게≫, ≪펴서 놀자! 쥐들의 큰 나무집≫, 캐릭터 디자인으로 교육방송 E텔레의 '여행하는 독일어' 등이 있다. 그림책 '백곰과 함께 사는 생활'은 현재까지 다양한 시리즈로 출간 중이다.

예비 초등학생을 위한 옳바른 손 씻기 방법

얘들아, 손 씻으러 가자!

발행 2023년 6월 8일

글 나카가와 히로타카
그림 세리코
옮긴이 이중현

펴낸곳 춘희네책방
편집 서정빈 김혜영
디자인 EE디자인
등록 2022년 2월 11일
주소 10938 경기 파주시 조리읍 두루봉로 40
전화 070-4849-5119 팩스 070-8677-3931
이메일 choonybook@naver.com
춘희네책방은 (주)베스트비의 그림책 전문 브랜드입니다.

ISBN 979-11-981615-0-5(77870)

-책값은 뒤표지에 적혀 있습니다.
-잘못된 책은 바꿔 드립니다.
-KC마크는 이 제품이 공통안전기준에 적합하였음을 의미합니다.

이 책의 한국어판 저작권은 (주)엔터스코리아를 통해 저작권자와 독점 계약한 (주)베스트비에 있습니다. 저작권법에 의해 한국 내에서 보호를 받는 저작물이므로 무단 전재와 무단 복제를 금합니다.

ARAIKUN
ⓒ Hirotaka Nakagawa,serico 2021
Originally published in Japan in 2021 by SEKAIBUNKA Wonder Create Inc.,TOKYO.
Korean Characters translation rights arranged with SEKAIBUNKA Publishing Inc.,TOKYO.
through TOHAN CORPORATION, TOKYO and EntersKorea Co., Ltd., SEOUL.Korean Characters translation rights arranged with SEKAIBUNKA Publishing Inc., TOKYO.
Through TOHAN CORPORATION, TOKYO and EntersKorea Co., Ltd., SEOUL.